Daniel Cole Young

Kacka Sutra

52 inspirierende Techniken, das große Geschäft zu verrichten

riva

Bibliografische Information der Deutschen Nationalbibliothek:
Die Deutsche Nationalbibliothek verzeichnet diese Publikation in der Deutschen Nationalbibliografie; detaillierte bibliografische Daten sind im Internet über http://d-nb.de abrufbar.

Für Fragen und Anregungen
info@rivaverlag.de

9. Auflage 2019

Nymphenburger Straße 86
D-80636 München
Tel.: 089 651285-0
Fax: 089 652096

Die englische Originalausgabe erschien 2010 bei Sourcebooks unter dem Titel *Kama Pootra*.

Umschlaggestaltung: Daniel Aguilar / Kristin Hoffmann
Illustration: Daniel Aguilar
Satz: Georg Stadler, München
Druck: Florjancic Tisk d.o.o., Slowenien
Printed in the EU

ISBN Print: 978-3-86883-351-5
ISBN E-Book (PDF): 978-3-86413-440-1
ISBN E-Book (EPUB, Mobi): 978-3-86413-441-8

Weitere Informationen zum Verlag finden Sie unter

www.rivaverlag.de

Beachten Sie auch unsere weiteren Verlage unter www.m-vg.de

Inhalt

Danksagung

Ohne die folgenden Menschen wäre das *Kacka Sutra* ein verborgen gebliebenes Hobby für einige wenige Toilettenenthusiasten geblieben. Die Allgemeinheit und ich sind ihnen zu größtem Dank verpflichtet:

den Leuten bei Sourcebooks, meiner Agentin Kristina Holmes bei Ebeling & Associates; Dan »Radish« Aguilar, der meine Toilettenmusen zum Leben erweckt hat: Ann Cho, Chris Larsen, Rita Okusako und Tien Tran. Vielen Dank auch an meine Freunde, die mich auf meinem Weg vorangebracht haben: Bharat Kumar Badhan, Joe Conte, Vicky Fong und Kevin Liu.

Einleitung

Der Durchschnittsmensch vollzieht in seinem Leben etwa 25.000 Darmentleerungen. Umso trauriger, dass die meisten dabei nie von der allerersten Stellung abweichen, die ihnen als kleines Kind beigebracht wurde. Denn es gibt auch andere Wege. Dieses Buch ist die Adaption eines antiken Handbuchs, das in der Nähe der ersten modernen Sanitäranlagen ausgegraben wurde. Als Urheber vermutet man einen verschwiegenen Mönchsorden – die Originaltexte und Illustrationen, die auf primitivem Toilettenpapier in einem zuvor unbekannten Dialekt des Sanskrit verfasst wurden, mussten in jahrelanger akribischer Arbeit übersetzt werden. Nun liegt zum ersten Mal in der modernen Zeitrechnung das vollständige *Kacka Sutra* vor, dessen Techniken und Weisheiten hiermit den kackenden Massen zugänglich gemacht werden.

Aber was genau ist dieses Buch eigentlich? Das *Kacka Sutra* ist der maßgebende Leitfaden für eine neuartige und aufregende Toilettenerfahrung, ein wegweisendes Handbuch für unkonventionelles Verhalten im Badezimmer. Mit seiner Mischung aus dionysischem Exzess und viktorianischer Zurückhaltung wird dieses Buch das Leben hinter geschlossenen Klotüren revolutionieren. Es zeigt seinen Lesern neue Stellungen für zu Hause oder das Büro, allein oder mit Freunden, pur oder unter Zuhilfenahme handelsüblicher Haushaltsgeräte. Die folgenden Lektionen sind ein erster Schritt auf dem langen, gekachelten Pfad zu einer erleuchteten Badezimmererfahrung.

Die erste Wahrheit des *Kacka Sutra* ist die Feststellung, dass Selbsterkenntnis immer auf der Toilette beginnt, dort, wo wir sowohl physisch als auch psychisch am verwundbarsten sind. Dieses Buch soll dir als Anleitung, Anregung und Andacht dienen, während du dein Leben als Schüler des *Kacka Sutra* bestreitest. Die zweite Wahrheit ist, dass dies ein immer fortwährender Lernprozess sein muss. Das *Kacka Sutra* kann niemals abgeschlossen werden, du sollst nach konstanter Verbesserung streben und darfst dich nie mit dem Erreichten zufriedengeben.

Anders als bei gewöhnlicher Lektüre erlebt jeder Schüler dieses Buch auf seine ganz persönliche Art und Weise. Es ist unmöglich, im Vorfeld zu beschreiben, was du fühlen wirst, keine menschliche Sprache wäre in der Lage, das Empfinden und die körperliche Reaktion auf das *Kacka Sutra* präzise zu formulieren. Jede unserer Kreationen ist einzigartig wie eine Schneeflocke, entstanden durch ein komplexes Zusammenwirken aus Genen, Lebensführung und aktuellem gastronomischen Input.

Das *Kacka Sutra* unterscheidet vier Grundtypen von Hintern: »Reh«, »Kuh«, »Wasserbüffel« und »Elefant«. Rehe und Kühe können während ihrer Konferenz mit der Kloschüssel besonders experimentierfreudig sein, Wasserbüffel und Elefanten könnten jedoch durch ihre körperliche Verfassung gehandicapt sein und sollten die schwierigeren Stellungen stets mit einer gewissen Vorsicht ausführen.

Jedes Mal, wenn sich die Toilettentür schließt und du erneut mit dem heiligen Ritual beginnst, wartet eine völlig neue Erfahrung auf dich.

Los geht's!

Einzelstellungen

Das *Kacka Sutra* beginnt als Studie individueller Reflexion und Meditation. Bevor du das *Kacka Sutra* in seiner Gesamtheit verstehen kannst, muss dein Geist von jeglicher vorgefasster Meinung über das Verhalten auf der Toilette gereinigt werden. Die Stellungen in diesem Kapitel können von einem Schüler allein praktiziert werden. Mach dich dafür zunächst mit deiner Umgebung vertraut: Spüre die Kälte der Porzellanschüssel, die Konturen des gekachelten Bodens, die seidige Berührung des Toilettenpapiers. Erkunde deinen Körper mit einer eingehenden Untersuchung dessen, was Arthur Rimbaud, ein französischer Dichter des 19. Jahrhunderts, als die »verlockende Olive« bezeichnete.* Solltest du dich selbst noch nie so detailliert betrachtet haben, kannst du versuchen, dich über einen leicht angewinkelten Handspiegel zu hocken. Sobald du deine Anatomie einmal verstanden und ein Gefühl für deinen Körper entwickelt hast, kannst du mit den Grundstellungen des *Kacka Sutra* beginnen. Manche der Stellungen werden zunächst etwas unbequem sein, aber vergiss nie, dass harte Arbeit auf der Toilette immer tausendfach belohnt wird.

---

* »Sonnet du trou du cul« (dt.: »Sonett über das Arschloch«), A. Rimbaud (1873).

Der Gold-Standard

Der Gold-Standard ist die Grundstellung des *Kacka Sutra*, von ihr werden alle anderen Stellungen in diesem Buch abgeleitet. Meist ist dies die erste Stellung, die Kindern in der westlichen Klokultur beigebracht wird, sobald sie das toilettenfähige Alter – meistens mit drei Jahren, bei manchen Frühreifen sogar schon im zarten Alter von sechs Monaten – erreicht haben. Sie ist sowohl einfach als auch physisch äußerst anspruchslos. Ein bekanntes Sprichwort aus Simbabwe besagt: »Wenn du sprechen kannst, kannst du auch singen. Wenn du gehen kannst, kannst du auch tanzen.« Also: Wenn du sitzen kannst, kannst du auch kacken.

Der Denker

Dies ist die beste Stellung für tiefes Sinnieren. Viele der großen Philosophen der Geschichte haben die Zeit im Bad dazu genutzt, Theorien über die Natur des Menschen zu formulieren. Nimm dir Zeit, um die großen Fragen des Lebens zu erörtern:

- Was ist die Quelle der Glückseligkeit?
- Ernähre ich mich gesund?
- Wann habe ich eigentlich so viel Mais gegessen?

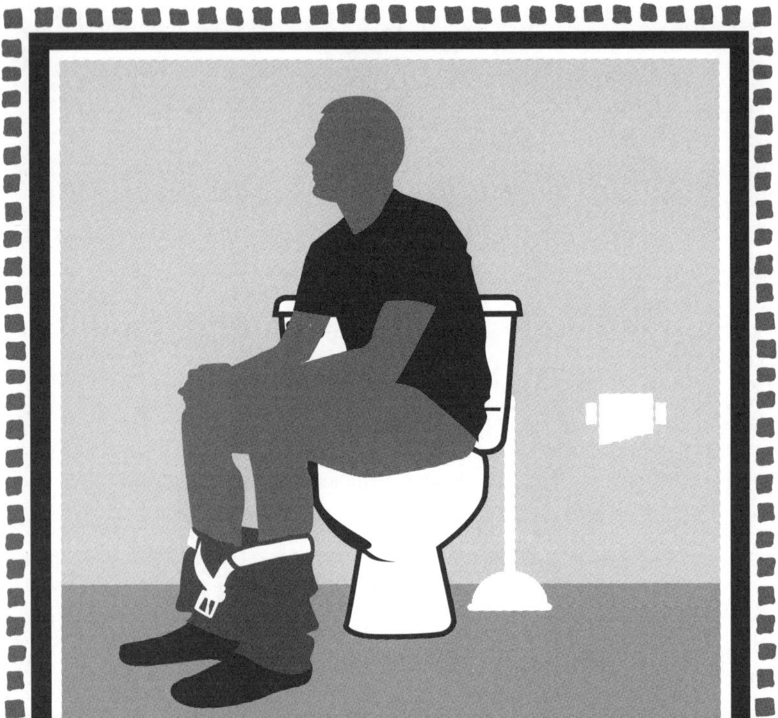

90 Grad

Diese Stellung nutzt den vollen Radius des Toilettensitzes für ein besonders abgerundetes Erlebnis. Schüler mit größeren Hintern (Wasserbüffel oder Elefanten) werden diese Stellung bequemer finden als sonst, da das Sitzen im rechten Winkel die gesamte Breite des Sitzes ausnutzt. Vorteilhaft ist diese Stellung außerdem in ungesicherten Bädern, weil sie die Möglichkeit bietet, die Tür direkt im Blick zu haben.

Der Lotussitz

Diese Stellung wird praktiziert, indem man die Beine, auf der Toilette sitzend, überkreuzt, um das zu erreichen, was die Gurus »Klo-Schweben« nennen. Der Lotussitz ist die ideale Stellung, um zu entspannen und sich vom Stress und den Ängsten zu befreien, die modernes, kalorienreiches Essen mit sich bringt. Meditation in Verbindung mit völliger Entspannung kann das Bewusstsein auf eine neue Ebene heben und so dem Toilettennirwana näher bringen.

Die Kehrseite

Die Kehrseitenstellung eröffnet dem Schüler eine völlig neue Perspektive auf das Bad – wenn man so will, eine um 180 Grad gedrehte (ausgehend von den traditionellen Stellungen des *Kacka Sutra)*. Diese einfache Drehung der Standardposition ermöglicht dem Schüler mehr Rückenfreiheit, um sich zurückzulehnen oder zu verbiegen. Aus dieser Stellung heraus ist die uneingeschränkte Kontrolle über die Toilette möglich. Ein »Rein und weg«-Manöver kann in einer einzigen fließenden Bewegung ausgeführt werden, da die Spülung auf diese Weise schnell und einfach zu bedienen ist.

Die Brustuntersuchung

Ein wichtiger Aspekt des *Kacka Sutra* ist die Förderung der körperlichen Gesundheit. Das *Kacka Sutra* betrachtet den Körper als das heilige Gefäß der Ausscheidungen, das auf keinen Fall vernachlässigt werden darf. Giftstoffe und Krankheiten beeinträchtigen den Nutzen und das Vergnügen einer gesunden Kloerfahrung. Ein aktiver Lebensstil und regelmäßig durchgeführte Selbstuntersuchungen sind hingegen einfache Wege, das volle Potenzial des *Kacka Sutra* auszuschöpfen. Während der größte Feind des *Kacka Sutra* zwar unweigerlich der Darmkrebs ist, sollten Frauen diese Position dennoch einmal im Monat nutzen, um sich selbst nach Knötchen oder Verhärtungen abzutasten. Dein nächster Stuhlgang könnte dein Leben retten.

Der Flugzeugabsturz

Diese Stellung wurde in Anlehnung an die Sicherheitsanweisungen im Flugzeug entworfen, wonach man im Falle einen Absturzes den Kopf zwischen den Beinen platzieren und die Arme unter den Knien verschränken soll. Umfasse dabei, wenn nötig, deine Knöchel als Hebel, während du weiterhin ängstlich versuchst, eine Wasserlandung zu absolvieren.

Der Adler

Schüler, die mit einer außergewöhnlichen Biegsamkeit gesegnet sind, können in einer Stellung kacken, von der manche nicht einmal zu träumen wagen. Wie Leonardo da Vincis *Vitruvianischer Mensch* ist die Adlerstellung ein unvergessliches Bild, das die natürliche Schönheit des Menschen in den Vordergrund stellt. Wenn du darauf vorbereitet bist, dich stundenlang des Kackens wegen zu dehnen, ist diese Stellung ein durchaus erstrebenswertes Ziel. Viele Anhänger des *Kacka Sutra* haben aus dieser Stellung ihre Lebensaufgabe gemacht – eine noble und lohnenswerte Aufgabe, die das Streben des Menschen danach zeigt, sein Potenzial voll auszuschöpfen.

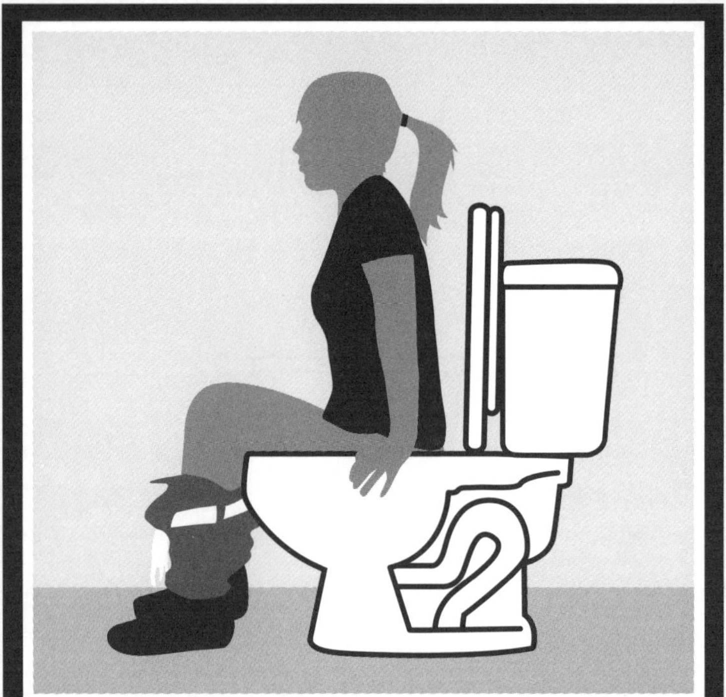

Der Torpedo

Spülwasser ist, obwohl im Überfluss vorhanden, eine weitgehend ungenutzte Ressource. Seine heilenden Kräfte erfrischen, erneuern und reinigen die Seele der Toilette. Um den Torpedo abzuschießen, nimm einfach im kühlen, beruhigenden Wasser Platz und erleichtere dich, sobald dein Hintcrn vollständig umspült ist.

Der Hecht

Diese Stellung bringt die Anmut und Eleganz des olympischen Turmspringens direkt ins Badezimmer. Der Hecht entspringt der Vorstellung, du selbst seist ein Turmspringer, vollgepumpt mit Adrenalin in Erwartung des bevorstehenden Eintauchens. Verschränke deine Hände unter den ausgestreckten Beinen, senke deinen Kopf zu den Knien und presse. Die Höchstnote kann erreicht werden, wenn es möglichst wenige Spritzer gibt.

Die Krabbe

Als das *Kacka Sutra* zum ersten Mal niedergeschrieben wurde, hatten die Menschen eine viel engere Beziehung zur Natur und zum Reich der Tiere. Zu dieser Zeit lebten die meisten als Bauern auf dem Land, wo sie das tägliche Verdauungsritual des Nutzviehs und der Wildtiere genauestens beobachten konnten. Als natürliche Folge davon begann der Mensch, die Tiere und ihr Verhalten zu imitieren. Ahme auch du dic Krabbc nach, indem du dich – aufwärts blickend – mit allen vieren auf den Toilettensitz hockst und dich mit Armen und Beinen abstützt, um den Hintern über der Schüssel zu halten.

Die Kanonenkugel

Nach zahlreichen wissenschaftlichen Tests und Jahren der intensiven, computergestützten 3-D-Simulation kam man zu dem Ergebnis, dass diese Stellung die größte Spritzerdichte ermöglicht. Das Anziehen der Knie und der damit verbundene Aufbau inneren Drucks lässt die Darmenergie einer Schleuder gleich entweichen. Die anschließenden Spritzer sind eine willkommene Erfrischung, die gleichzeitig kühlt und beruhigt.

Die Durchsuchung

Kacken ist eine anaerobe Übung, die die Lungen dadurch stark fordert, dass schnell Sauerstoff in den Blutkreislauf geleitet werden muss. Mit diesem simplen physiologischen Vorgang im Hinterkopf wurde »Die Durchsuchung« konzipiert, um eine maximale Sauerstoffzufuhr während des Kackens zu gewährleisten. Wenn du deine Hände auf oder hinter dem Kopf platzierst, werden die Lungen gedehnt, sodass die Luft tief eindringen kann. Auf diese Weise wirst du dir nie mehr Sorgen um Hyperventilation oder Ohnmachtsanfälle auf der Toilette machen müssen.

Nackt

Der Mensch, wie er geschaffen wurde, befreit von der Kleidung, die seine Scham verbirgt. Eine Rückkehr ins Paradies, wenn man so will. Um das meiste aus dieser transzendentalen Stellung herauszuholen, versuche Folgendes: Fokussiere nach dem Betreten des Badezimmers die Toilette und entkleide dich langsam. Nimm dir viel Zeit, dich deines Shirts und deiner Hose zu entledigen – es gibt keinen Grund zur Eile. Nachdem du deinen Körper von der Kleidung und den Schuhen befreit hast, kannst du den Porzellanthron erklimmen. Konzentriere dich auf den Moment, versuche, während der Drang zunimmt, alles zu fühlen: die Luft, den Boden, die Toilette. Gib dich selbst der Erfahrung hin, verliere deine Hemmungen und lass den Dingen ihren Lauf.

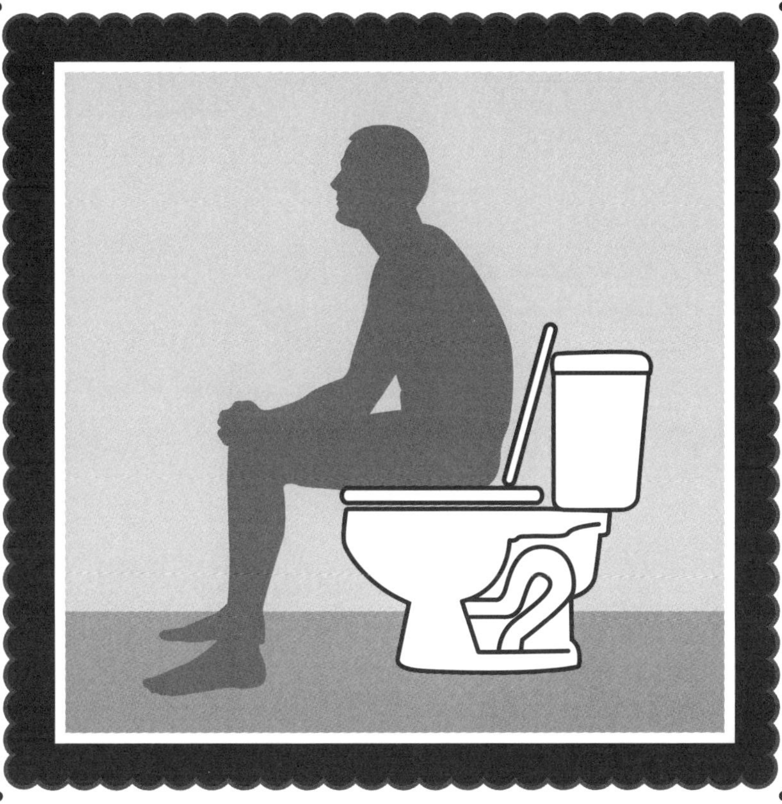

Der Schmetterling

Hält man die Flexibilität der unteren Körperhälfte aufrecht, lässt dies das Verdauungs-Chi ungehindert aus den Gliedern in die Toilette fließen. »Der Schmetterling« legt den Schwerpunkt auf die beiden wichtigsten Regionen des *Kacka-Sutra*-Chi: die Leiste und das Gesäß. Um die Stellung korrekt auszuführen, umfasse deine Füße mit den Händen und presse deine Beine auf den Toilettensitz. Erleichtere dich, nachdem du diese Position nicht weniger als 20 Minuten lang gehalten hast.

Der Läufer

Biologen haben nachgewiesen, dass der Aktivitätsgrad eines Sportlers in direktem Zusammenhang mit seiner Darmaktivität steht. Wenn du beim Joggen Höchstleistungen erbringen willst, musst du dich dementsprechend vorbereiten. Das bedeutet: Kohlenhydrat-Input am Abend vor dem Lauf und Kohlenhydrat-Output wenige Minuten vor dem Rennen. Diese Stellung verbindet zwei entscheidende Arten der Vorbereitung: ein gutes Stretching und die Entleerung des Dickdarms. Warum zusätzliches Gewicht mit sich herumschleppen, wenn es nicht notwendig ist?

Am Pool

Während der Suburbanisierungswelle der Siebzigerjahre sehnte sich jede Familie nach zwei besonderen Annehmlichkeiten für ihr neues Zuhause: einem Swimmingpool und einer Outdoortoilette. Das war das neue, entspannte Leben: Ein Mann sitzt draußen im Grünen auf seiner Toilette und bräunt seine gesamte Vorderseite. Diese Stellung bietet sich an, um einfach mal innezuhalten und den Lauf der Zeit ein wenig zu verlangsamen. Setz dich hin, entspanne und atme die frische Luft ein. Jeder braucht mal eine Pause, um die Sonne und den Duft der Rosen zu genießen – selbst wenn diese Rosen extrem komisch riechen.

Der Fallschirmsprung

Leg dich rücklings auf den Toilettensitz, Arme und Beine hängen schlaff nach unten. Entspanne dich so gut wie möglich und lockere die Gliedmaßen, sodass diese leblos herabbaumeln. Stell dir nun vor, du würdest durch die Luft sausen, das Blut sammelt sich in deinen Extremitäten. Gibst du dich dieser Vorstellung ganz und gar hin, kann der Rausch des Fallens so intensiv werden, dass du die Kontrolle über deinen Darm komplett verlierst. Kacken im Angesicht des bevorstehenden Todes ist einer der größten Nervenkitzel des Lebens.

Der Kapitän

Nach einer langen Nacht, in der viel gegessen und getrunken wurde, wird dein Körper all das Gift loswerden wollen, das dem Verdauungstrakt zugeführt wurde. »Der Kapitän« – oder auch »Kater-Kack« – ist die einzige Stellung im *Kacka Sutra*, die unter Einfluss von Alkohol gestattet ist. Dieser ernüchternde Vorgang bringt die Feierlichkeiten der vergangenen Nacht zu einem gelungenen Abschluss. Diese Stellung huldigt Bacchus und Kacchus, den Göttern des Weins und des Stuhlgangs, gleichermaßen.

Das Pauschenpferd

Diese Stellung hat ihren Namen von einer sehr schönen und äußerst anspruchsvollen Disziplin des klassischen Geräteturnens. In kommunistischen Ländern werden Kinder, die schon früh ein besonderes Talent an der Toilette zeigen, in staatlichen Sportinternaten gefördert. Studien haben gezeigt, dass die Toilette und traditionelle Turngeräte in ihren Anforderungen durchaus ähnlich sind. So erfordert diese Stellung Balance, einen starken Oberkörper und die sichere Beherrschung des Darms: alles universelle Eigenschaften eines Spitzensportlers.

Der Einseiter

Schüler des *Kacka Sutra* sind zu Beginn oft erstaunt, wenn sie erfahren, dass man – wie alle Menschen auch Rechts- oder Linkshänder sind und auf einem der beiden Augen besser sehen – angeborene Präferenzen für eine Arschbacke hat. Zum Sitzen bevorzugen die meisten die rechte Backe, Persönlichkeitsstudien haben ergeben, dass diese Gruppe analytischer und weniger kreativ in Bezug auf das Verhalten auf der Toilette ist.

Anmerkung: Wenn du den »Einseiter« auf der nichtdominanten Backe ausführst, ist diese Technik bekannt unter dem Namen »Die Fremde«.

Der Laubfrosch

Diese Stellung erfordert eine hohe Beweglichkeit der Beine und einen starken Rücken; beides sollte sich innerhalb weniger Monate nach Beginn der Arbeit mit dem *Kacka Sutra* entwickelt haben. Begib dich in die Laubfroschpose, indem du dich auf die Toilettenschüssel hockst und dich mit beiden Händen am Sitz festhältst. Beuge den Rücken und starre vor dich hin, während du das Gesäß senkst und ein paar Zentimeter über der Schüssel platzierst. Nachdem du deinen Körper in diese majestätische Pose gebracht hast, kannst du dem heiligen Becken dein Opfer darbringen.

Doggystyle

Diese unkonventionelle Stellung war bis in die späten Sechzigerjahre hinein als unzivilisiert und unschicklich verpönt. Doch in einem Jahrzehnt, in dem viele Schranken gesellschaftlicher Normen fielen – die Unterdrückung der Frau, Rassendiskriminierung –, war die Liberalisierung des Kackens eine der herausragenden Errungenschaften. Diese neue Haltung gegenüber dem Stuhlgang öffnete die Türen der sanitären Einrichtungen für die Massen. Zeitgenössische Philosophen postulierten, dass, wenn uns ein Gesetz der Natur ans Kacken bindet, wir uns auch deren Methode zu eigen machen sollten. Daher ist »Doggystyle« nicht unmoralisch, sondern amoralisch und somit nicht besser oder schlechter als der »Gold-Standard« des *Kacka Sutra*.

Die stehende Hocke

Diese Stellung ist ideal für alle Waghalsigen und die zwanghaften Hygienefreaks unter uns. Wenn du der Typ Mensch bist, der Angst vor einer Invasion der Toilettenmikroben hat, gibt es im *Kacka Sutra* keine andere Stellung, die deinen desinfizierten Hintern weiter vom potenziell verseuchten Toilettensitz entfernt hält. Aufrecht auf dem Toilettensitz zu stehen erfordert jedoch eine außerordentliche Balance und sollte nicht von jemandem durchgeführt werden, der anfällig für Schwindelattacken ist. Besteige die Toilette, finde einen sicheren Stand und beuge dich leicht vor, um einen sicheren Fall zu ermöglichen. In dieser Position befinden sich Beine und Wirbelsäule in einer natürlichen Linie, was der Verkrümmung des Darms entgegenwirkt und einen optimierten Ausgang bietet.

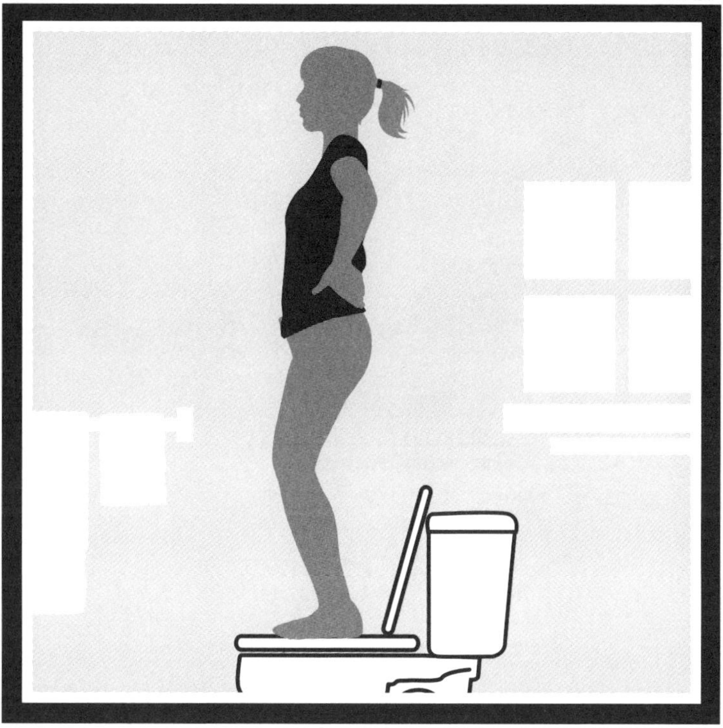

Die Missionarsstellung

Missionare wurden mit dem Auftrag in die Neue Welt geschickt, um die Menschen zu zivilisieren, ihnen Religion und Toilettenetikette beizubringen. Bei ihrer Ankunft waren die Kolonialisten entsetzt über die barbarischen Kackmethoden der indigenen Bevölkerung, manche davon schlossen Tieropfer und Blutrituale mit ein. Doch allmählich setzte sich die neue Kultur durch und das primitive Kacken wurde für immer in die Geschichtsbücher verbannt. Diese Pose wird Missionarsstellung genannt, da sie damals die einzige von der Kirche offiziell zugelassene »gottesfürchtige« Stellung war.

Gruppenstellungen

Das gemeinsame Kacken mit einem oder mehreren Partnern (auch als Gruppenkacken oder Gang-Kack bezeichnet) knüpft ein stabiles Band zwischen diesen Partnern – unerreicht durch Teamsport, das Militär oder die Ehe. Nachfolgend werden die Stellungen untersucht, die gemeinsam mit einem Liebhaber, Mentor, guten Freund oder Angehörigen durchzuführen sind. Mit einem Partner kannst du die sehnlichsten Wünsche teilen, die in den Tiefen deiner Seele verborgen sind. Dieses Kapitel beleuchtet alle Kombinationen und Varianten der Stellungen für eine gleichgesinnte Gruppe. Ob du nun eine monogame Beziehung anstrebst oder viele Partner haben möchtest – der Grad an Intimität in einem kleinen Badezimmer ist mit nichts zu vergleichen. Denn wie kannst du jemanden wirklich kennen, solange ihr nicht gemeinsam kacken wart?

Er
Sie

Hochzeitsnacht

Nach den Gelöbnissen, der Torte, der Party und dem unbeholfenen Sex können die eigentlichen Feierlichkeiten der Hochzeitsnacht beginnen: Der frischgebackene Ehemann trägt seine Angetraute auf Händen durch das Schlafzimmer, am Bett vorbei und ins Bad – der Gipfel der Romantik. Der erste Stuhlgang als verheiratetes Paar ist ein wichtiges Ritual, um die Ehe in Gänze zu vollziehen. Dennoch können die ersten gemeinsamen Momente auf der Toilette sowohl aufregend als auch Furcht einflößend sein. Paare, die auf voreheliches Kacken verzichtet haben, werden etwas ungeschickt sein, da beide Partner erst gemeinsam lernen müssen. Diese Paare sollten sich nicht entmutigen lassen, denn das *Kacka Sutra* gemeinsam zu benutzen ist in jedem Fall eine solide Basis für das junge Eheglück.

Fußmassage

Ebenso wie das Kacken ist eine Fußmassage im Bad ein wunderbar intimer Akt. Diese Stellung spricht die Regionen des Körpers an, die im Arbeitsalltag am stärksten belastet werden: die Füße und der Hintern. Diese Körperteile zu entspannen ist besonders wichtig, um einem zu hohen Blutdruck und Darmproblemen vorzubeugen. Führe diese Stellung durch, indem ein Partner den Stress aus deinen Fußsohlen knetet, während du deinen Unterleib von angesammelten Giften befreist.

Schubkarre

Diese Stellung wurde für Badezimmerpärchen entwickelt. Der »Heber« muss dabei beide Beine seines Partners greifen und sie je nach Anweisung des »Sitzers« heben, senken oder waagerecht halten. Dabei ist es besonders wichtig, dass beide Partner im Einklang agieren und eine gute Kommunikation sowie Augenkontakt aufrechterhalten. Die Stellung eignet sich hervorragend für Frischverheiratete, die durch die Arbeit am gemeinsamen Ziel zusammengeschweißt werden: dem perfekten Stuhlgang.

Der umgekehrte Heimlich

Dr. Henry Heimlich entwickelte das nach ihm benannte Manöver, um mit gezieltem Druck auf den Bauchraum Fremdkörper aus den Atemwegen zu entfernen. Als das Manöver erfunden wurde, konnte der Arzt natürlich nicht wissen, dass die Erfinder des *Kacka Sutra* bereits 2000 Jahre zuvor eine nahezu identische Technik entwickelt hatten. Der einzige Unterschied zwischen beiden Manövern ist ihre Zielsetzung: Der umgekehrte Heimlich sollte nicht die Lunge, sondern den Darm befreien. Halte deinen Partner für diese Stellung in den Kniekehlen und zieh seine Oberschenkel ruckartig zur Brust. Wurde dieser Vorgang korrekt ausgeführt, sollte sich der Problemstuhl (Sanskrit: »Teufelsstein«) schnell und dramatisch lösen.

Der Cheerleader

Diese Stellung eignet sich hervorragend, um Vertrauen zwischen den Partnern aufzubauen. Die Frau sitzt dabei reglos auf den Schultern des Mannes, der wiederum sein Bestes tut, die Balance zu halten und gleichzeitig die natürlichen inneren Muskelkontraktionen, die im Zusammenhang mit der Darmentleerung auftreten, zu ignorieren. Beide Partner müssen sich gemeinsam bewegen und die Kommunikation aufrechterhalten, um einen desaströsen Badezimmersturz zu vermeiden, bei dem es außerdem noch Punktabzug für das vorzeitige Abbauen der Figur geben würde. Verletzungen – beim Erlernen neuer schwieriger Positionen keine Seltenheit – können durch den »Sicherheitskack« vermieden werden: Vorgeschrieben sind Helme, Schutzanzüge und ein gepolsterter Badezimmerboden.

Stellungen mit Spielzeugen

Im Laufe der Jahrhunderte hat der Mensch versucht, das Toilettenerlebnis mithilfe verschiedener Objekte interessanter zu gestalten. Die Stellungen in diesem Kapitel beschreiben, was genau man mit ins Bad nehmen kann, um Spaß und Leistung zu optimieren. Ein Kackspielzeug ist laut Definition jedes Objekt, das mit auf die Toilette genommen wird: Elektronische Geräte, Tiere und Musikinstrumente sind nur einige Beispiele. Kackspielzeuge sollten immer kreativ und frei von Vorurteilen eingesetzt werden – die Möglichkeiten sind unbegrenzt.

Mit Gitarre

Musik, Sprache und die Fähigkeit zu zupfen – dies sind die elementaren Merkmale der Menschlichkeit, die uns von den Tieren abheben. Musik ist das universale Medium zwischen der geistigen und der materiellen Welt. Musik kann all die Schmerzen und Freuden ausdrücken, die wir auf der Toilette erfahren. Jeder ist in seinem tiefsten Inneren mit musikalischem Talent gesegnet, auch wenn es manchmal länger dauert, dieses zutage zu fördern. Zahlreiche Songwriter sind im Laufe der Geschichte aufs Klo gegangen, die Nase vom Schreibblock gestrichen voll – und haben es mit einer Melodie im Kopf wieder verlassen, inspiriert vom Geist der Toilette.

Mit Katze

Das Kacken mit Tieren wird in vielen Kulturen der Welt als Tabu angesehen. Ungeachtet dessen besteht es als Randerscheinung weiter und verbreitet sich zurzeit sogar – trotz sozialer Beschränkung. Obwohl es beispielsweise in Amerika in 48 Staaten illegal ist, ist das Kacken mit einem plüschigen Freund zu einem weltweiten Kult geworden. Diese Stellung ist nicht so einfach, wie man auf den ersten Blick annehmen könnte. Ein Haustier mit auf die Toilette zu nehmen erfordert großes Geschick. Viele Tiere, vor allem Katzen, haben eine natürliche Abneigung gegenüber Becken voller Wasser und müssen langsam daran gewöhnt werden. Du wirst schon bald zu schätzen wissen, wie wunderbar warm und weich sich gut gepflegte Haustiere auf dem nackten Schoß anfühlen.

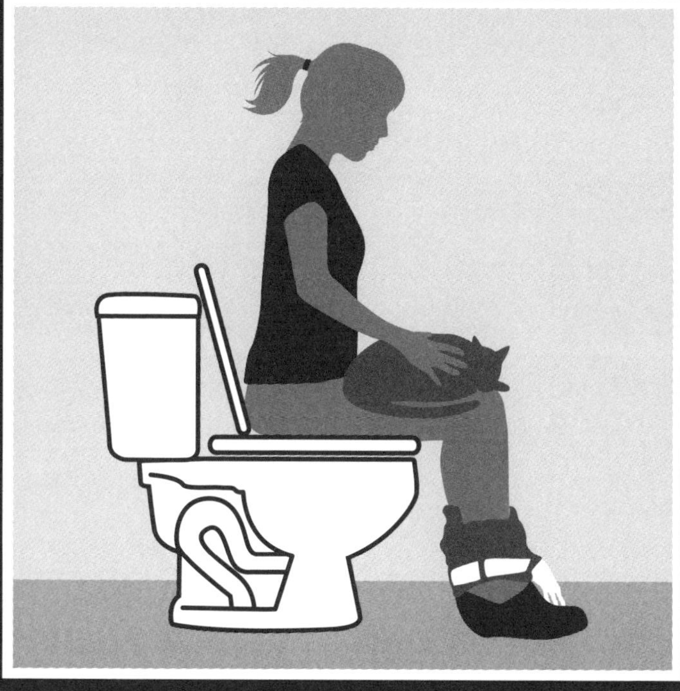

Brooklyn Style

Hip-Hop-Musik und deren Style sind als kulturelle Gegenbewegung im New York der Siebzigerjahre entstanden und ein wichtiger Bestandteil der New Yorker Jugendkultur. Die artistischen Pioniere suchten nach neuen Wegen, ihrer Persönlichkeit auch auf der Toilette ganz im Sinne dieser Strömung Ausdruck zu verleihen – und das Hip-Hop-Klo wurde zu einem bunten Kessel voller Rhythmus und Improvisation. Diese Stellung wird am besten mit lauten Bass-Grooves durchgeführt, die durch die Lockerung des Unterbauchs eine abführende Wirkung haben (siehe Abbildung).

Dein Vater

Für Väter ist Kacken ein heiliges Ritual. Vater zu sein bedeutet Gartenarbeit, ständiges Gemecker und zahlreiche andere unwillkommene Pflichten, von denen nur das Badezimmer Erholung bietet. Das stille Örtchen ist vermutlich der einzige Ort, an dem ein Mann mit seinen Gedanken allein sein kann, eine Toilettenoase in der Wüste familiärer Verantwortung, der letzte Rest Privatsphäre. Diese Stellung zollt allen Vätern dieser Welt Tribut, die so endlich einmal 15 Minuten Pause haben – allein mit ihren Gedanken und der Tageszeitung.

Heroin (Mr Brownstone)

Drogen zusammenzumischen und gleichzeitig zu kacken kommt einem gefährlichen Leben am Rande des Abgrunds gleich. Dieser Badezimmer-Nervenkitzel breitete sich in den frühen Neunzigerjahren seuchenartig unter der schottischen Jugend aus und wurde später in dem von Kritikern gefeierten Film *Trainspotting* aufgegriffen. Der folgende Monolog ist ein Aufruf des Protagonisten, dass auch das Kacken seine Grenzen hat: »… Sag Ja zum Kacken. Sag Ja zu einer guten Porzellanschüssel. Sag Ja zu einem Haus mit vier Badezimmern in einer ruhigen Straße einer verschlafenen Vorstadt. Sag Ja zu vierlagigem Toilettenpapier mit hübschem geometrischen Muster. Sag Ja zu einem Hochleistungsbidet mit regelbarer Wassertemperatur. Sag Ja zu einem 9-to-5-Job mit einstündiger Mittagspause. Sag Ja zu einer Frau, die versteht, dass dir Kacken wichtiger ist, als sie es je sein wird. Sag Ja zum Altwerden und zum Verlust der Kontrolle über deinen Körper, die du dir über Jahrzehnte antrainiert hast. Sag Ja zum Kacken.«

Der Feinschmecker

Wenn Virginia Woolf das *Kacka Sutra* studiert hätte, hätte sie sicher »kacken« ergänzt, als sie Folgendes schrieb: »Man kann nicht gut denken, gut lieben oder gut schlafen, wenn man nicht gut gegessen hat.«* Eine ausgewogene Mahlzeit ist unverzichtbar, wenn man sich auf eine ordentliche Darmentleerung vorbereitet. Einfach gesagt: Der Input bestimmt den Output.

* Virginia Woolf: *Ein eigenes Zimmer*, 1929.

Gewichtheben

Mit einem hohen Adrenalinspiegel und einer erhöhten Herzfrequenz zu kacken schafft die Rahmenbedingungen für ein Phänomen, das auch unter dem Namen »Poopers High« bekannt ist. Trainiere deinen Bizeps mithilfe von Gewichten, während du merkst, wie der Druck zunimmt und sich intensiviert. Schnell werden deine Klamotten und deine Haut nass von Schweiß sein, der dir ähnlich einem Gleitmittel erlaubt, dich ungehindert durch Reibung frei auf dem Toilettensitz hin und her zu drehen. Wenn deine Arme langsam übersäuern, wirst du am Ende deiner Kräfte sein. Aber halte durch – der Cocktail aus Endorphinen, ausgelöst durch Training und Darmentleerung, ist so überwältigend wie eine chemische Droge.

Der Computerabsturz

Diese Stellung wurde für den Workaholic konzipiert, der das Erlebnis des Kackens mit neuen Technologien bereichern möchte. Wenn deine täglichen Prioritäten Arbeit und Kacken sind, ermöglicht dir diese Position, deine Pflichten gegenüber deinem Chef und deinem Darm gleichzeitig zu erledigen. Eine Verschmelzung von Arbeitsplatz und Lokus – der Blick in die wildesten Träume eines Multitaskers.

Der Autor

Das *Kacka Sutra* kann aus jedem seiner Schüler das Beste herausholen, sowohl in Bezug auf Akrobatik als auch auf Literatur: Es bringt Körper und Geist an die Grenzen der Kreativität. Die Emotionen, die beim Kacken aufkommen, sind vielfältig; Tränen des Leidens gehen nahtlos in Freudentränen über. Nutze die Toilette, um dein kreatives Ich die Erlebnisse im Bad zu Papier bringen zu lassen. Ein großartiger Roman oder ein Gedicht rumoren im Bauch jedes Einzelnen von uns und warten geduldig darauf, ans Tageslicht gebracht zu werden.

Telefonkack

Es gibt zahlreiche Gründe, warum in jedem Badezimmer ein Festnetztelefon installiert sein sollte. Viele Hotels statten die Bäder der Suiten mittlerweile mit Telefonen aus, damit die Gäste ungestört mit ihren Lieben zu Hause sprechen können. Wenn dein Partner nicht bei dir sein kann, ist der Telefonkack die beste Alternative.Gemeinsam über das Telefon zu kacken ist ein intimes Spiel mit Worten, das Übung und Geduld erfordert. Richtig benutzt, können die Worte ein wahres Feuerwerk im Körper entfachen. Doch zunächst müsst ihr euch einen angemessenen Wortschatz zulegen. Es werden verschiedene Worte und Ausdrücke benötigt, um Dinge zu beschreiben, die der Partner weder sehen noch riechen kann. Beim angeregten »Dirty Talk« im Bad dürfen folgende Beschreibungen auf keinen Fall fehlen: die Temperatur des Toilettensitzes, der Zustand der Toilette und wann zuletzt etwas in ihre Tiefen hinabstürzte.

New-York-City-Frühstück

Die amerikanische Ostküste brachte eine Kackkultur hervor, die dem entspannten Toiletten-Style der kalifornischen Surfer im Westen genau entgegengesetzt ist. New Yorker beginnen den Tag traditionell mit Kaffee und einer Zigarette, diese Kombination wird daher auch oft als »New Yorker Frühstück« bezeichnet. Passenderweise wirken die zwei Grundbestandteile dieses Frühstücks abführend, was zu einem äußerst explosiven Morgen führen kann: In deinem Darm ist der Mix aus Koffein und Nikotin eine kräftige und hochentzündliche Mischung.

Mit Gasmaske

Begibt man sich auf eine erst kürzlich benutzte Toilette, stellt die Gasmaske ein wichtiges und vor allem nützliches Hilfsmittel dar. Denn leider sind die »müffelnden Minuten« ein unvermeidliches Resultat gemeinsamen Lebens und Arbeitens. Sollte die Toilette keine Zeit gehabt haben, ihre Aura zu rekalibrieren, kann eine Gasmaske das Einatmen von Gerüchen verhindern, die der Mitbewohner oder Kollege hinterlassen hat. Wenn es irgendwie möglich ist, gib der Toilette die Zeit, die sie benötigt – 30 Minuten sollten genügen –, um ihre Umwelt zu erfrischen und den Toilettensitz abzukühlen. Wenn nicht, sollte diese Stellung helfen.

Spezialstellungen

Es ist sehr unwahrscheinlich, dass du dein Leben lang auf deiner Lieblingstoilette und zur optimalen Zeit aufs Klo gehen kannst. Selbst wenn sich dein Tagesplan rund um deine innere Darmuhr dreht (wie empfohlen), wird es Zeiten geben, in denen du mit fremden Toilettensituationen konfrontiert wirst. Du musst akzeptieren, dass diese Situationen unvermeidbar sind. Wir müssen ihnen mit Tapferkeit und Demut entgegentreten, denn – wie ein berühmtes Toilettensprichwort besagt – manchmal hält der geheimnisvollste Garten die köstlichsten Früchte bereit. Dieses Kapitel geht auf die einzelnen Anwendungsmöglichkeiten des *Kacka Sutra* auf Reisen ein. So soll der Schüler unter anderem auf Flugzeuge, Züge und Wohnwagen vorbereitet werden.

In Lavatorium Veritas
duder manor

Die öffentliche Toilette

Seit ihrer Einführung hat die öffentliche Toilette die Menschheit in Angst und Schrecken versetzt. Die Quelle dieser Angst ist unsere angeborene Furcht vor dem Unbekannten. Wir fürchten, was außerhalb unserer begrenzten Wahrnehmung liegt: den Tod, die Dunkelheit, die Reinigung der Toilette im städtischen Schwimmbad. Das *Kacka Sutra* lehrt uns, dass wir unsere Ängste überwinden können, indem wir uns ihnen stellen und dann – im Anschluss – auf sie scheißen. Mit dieser Stellung im Repertoire wird es für dich in Zukunft keine öffentliche Toilette (zum Beispiel an Tankstellen, in Stadien oder an Bahnhöfen) mehr geben, die zu abschreckend ist.

Im Dunkeln

Führende Neurologen haben nachgewiesen, dass, wenn man dem Gehirn einen der fünf Sinne raubt, sich diese graue, hochflexible Masse einfach neu verkabelt, um die verbleibenden vier zu verbessern. Nach diesem Prinzip werden durch ein abgedunkeltes Bad alle Sinne geschärft, die nichts mit dem Sehvermögen zu tun haben. Der Tastsinn wird durch die Stimulation der Nervenenden durch das kühle Porzellan der Schüssel angesprochen; das Gehör wird die lieblichen Geräusche deines Körperinstruments in zuvor verborgenen Höhen und Tiefen wahrnehmen. Und, um zum wichtigsten Punkt zu kommen, der Geruchssinn wird deutlich bereichert: Du versinkst in einer Duftwolke, die so üppig und scharf ist, dass du nicht glauben wirst, dass sie von deinem eigenen Körper produziert wurde.

Camping

Camping kann eine willkommene Abwechslung vom ermüdenden Bürojob und von seiner seelenlosen Fünfzehn-Minuten-Toilettenpause sein. Sich ein paar Tage Auszeit zu gönnen, um in der freien Natur zu leben und zu kacken, hilft, die Batterien wieder aufzuladen. Den Darm zu entleeren und gleichzeitig einen Panoramablick zu genießen ist ein befreiender Ausbruch aus den oft beengenden vier Wänden des Badezimmers. Wenn du die Natur dann wieder hinter dir lässt und ins Leben des 21. Jahrhunderts zurückkehrst, wirst du moderne Sanitäranlagen allerdings in einem ganz anderen Licht sehen.

Das Dixi-Klo

Die Fähigkeit, sich vertrauensvoll in einem mobilen Klohäuschen erleichtern zu können, ist ein wichtiger Bestandteil des dynamischen Kackrepertoires. Und sie ist absolut unverzichtbar, wenn du eine Karriere auf dem Bau einschlagen möchtest oder dich bevorzugt auf Volksfesten tummelst. Um die Angst zu überwinden, die durch den Gestank der Massen und durch Warteschlangen ausgelöst wird, kann man traditionelle Techniken der transzendentalen Meditation einsetzen. Stell dir vor, du sitzt auf deiner Lieblingstoilette, möglicherweise der deiner Kindheit. Fühle, wie du in dieser Situation ruhig und friedlich wirst. Diese mentale Übung wird dich überall kacken lassen, jederzeit und alles.

Das Plumpsklo

Der menschliche Fortschritt wurde durch technische Innovationen begleitet, die das tägliche Leben bereichern: die Eisenbahn und das Automobil, Schifffahrt und Flugzeuge, Telegraf und Telefon, Plumpsklo und Toilette. »Das Plumpsklo« ist eine der Stellungen des *Kacka Sutra*, die unter »Kacken im Wandel der Zeit« zusammengefasst werden. Ähnlich den Weltkriegsfanatikern, lieben einige darmfokussierte Individuen die Vorstellung, ein Leben unberührt von der Moderne zu führen. Sollte das deinem Geschmack entsprechen, ist das Plumpsklo für dich eine Zeitmaschine in die Vergangenheit, in der Männer noch Männer waren und das Klo nicht mehr als ein hölzerner Verschlag und ein Loch im Boden.

Der Mile High Club

Wahrscheinlich glaubst du aufgrund unserer auf Sex fokussierten Gesellschaft zu wissen, was der Mile High Club ist. Viele wissen aber nicht, dass die unanständige Version den Namen des eigentlichen Klubs an sich gerissen hat: Voraussetzung für die Mitgliedschaft dort ist eine Darmentleerung in 10.000 Meter Höhe auf einer der anspruchsvollsten Toiletten, die jemals erfunden wurden. Sei dir im Klaren darüber, dass es viele Fallstricke gibt, die dir den Zugang zu diesem exklusiven Klub verwehren können: Unerwartete Turbulenzen können den Darm abschnüren und so die Leistung beeinträchtigen; Kinder sind bekannt dafür, ungeduldig an die Toilettentür zu hämmern, wodurch ein zu hoher Erwartungsdruck erzeugt wird; und das Bordpersonal fragt bei jedem Passagier nach, der mehr als 30 Minuten auf der Toilette verbringt. Wenn du in den Klub aufgenommen werden willst, solltest du dich also außerdem darauf konzentrieren, so unauffällig wie möglich zur Bordtoilette und wieder zurück an deinen Platz zu kommen.

Spiegel

Spiegel im Badezimmer sind eine tolle Möglichkeit, das Toilettenerlebnis zu intensivieren. Versuche dir kurz vor dem Moment der Erleichterung selbst in die Augen zu schauen. Du wirst genau wie Narziss überwältigt sein von deiner eigenen Schönheit. Ein voll verspiegeltes Badezimmer bietet außerdem eine optimale Umgebung, um die Stellungen des *Kacka Sutra* zu üben – ähnlich wie im Ballettstudio kannst du jeden technischen Fehler sofort erkennen und korrigieren.

Im Ausland

Während des Studiums reisen viele junge Erwachsene durch die Weltgeschichte, um »sich selbst zu finden«. Was sie dann tatsächlich finden, ist ein Kulturschock, ausgelöst durch das Fehlen moderner Sanitäranlagen. Für viele ist eine solche Reise der Moment, in dem sie das große Geschäft zum ersten Mal ohne ihre Eltern erledigen müssen. Daher sollte das Üben dieser Stellung genauso in die Reisevorbereitungen integriert werden wie Reisepass besorgen, Reiseschecks kaufen et cetera. Wenn es einen Satz in der jeweiligen Landessprache gibt, den du vor der Landung auswendig gelernt haben solltest, dann selbstverständlich: »Wo ist die Toilette?«

Aromatherapie

In Toilettenräumen nehmen Gerüche, wie man vermuten könnte, eine wichtige Rolle ein. Studien haben gezeigt, dass sie unsere Stimmung, die Potenz und die gesamte Darmflora beeinflussen. Kerzen und ätherische Öle sind weitverbreitete Mittel der Aromatherapie und sollten bewusst eingesetzt werden, um die perfekte Kloatmosphäre zu erschaffen. Es gibt den passenden Duft für jede Gelegenheit: Zedernholz für feinfühlige Frauen, Bubblegum für das engelsgleiche Plumpsen eines Kindes, Cayennepfeffer für unberechenbare Explosionen et cetera. Probier einfach verschiedene Aromen aus, bis du den Duft gefunden hast, der deine Nase kitzelt, dein Gehirn wach rüttelt und deinen Darm befreit.

Tantra

Die grundlegenden Prinzipien des Tantra können mithilfe des *Kacka Sutra* leicht auf das Badezimmer übertragen werden. Tantrisches Kacken gründet auf der Idee, dass die Abstinenz von der täglichen Erleichterung im Anschluss daran eine ungeahnte Euphorie auslösen kann, quasi eine Explosion der gespeicherten Lebenskräfte. Wenn du deine Verdauungschakren – kleine Zentren der Lebensenergie innerhalb des Darms – stärkst, kannst du durch sie die endgültige Einheit mit dem Bewusstsein erreichen. Beginne damit, die Chakren für einen Tag außer Kraft zu setzen, dann für zwei und anschließend für drei Tage. Die meisten nichtprofessionellen Klogänger werden hier aufhören, einige wenige Praktizierende des *Kacka Sutra* können die Zeit der Abstinenz jedoch auf eine Woche, einen Monat oder sogar ein Jahr erhöhen. Die Freisetzung tantrischer Energie, die sich über ein Jahr angestaut hat, wurde bisher nur von den begabtesten und fokussiertesten Schülern erreicht. An dieser Stelle sei kurz angemerkt, dass die tantrische Anwendung des *Kacka Sutra* kontrovers diskutiert und von medizinischer Seite nicht befürwortet wird.

Fazit

Kacken ist ein wichtiger Bestandteil des menschlichen Daseins, ein göttliches Geschenk, das mit Bescheidenheit und Dankbarkeit angenommen werden sollte. Der Vorgang der Erleichterung ist für den Menschen von besonderer Bedeutung, da er die einzige mit einem Ich-Bewusstsein ausgestattete Spezies ist. Nur der Mensch kann das Potenzial des *Kacka Sutra* voll ausschöpfen. Und somit ist es unsere Bestimmung, durch das Kacken eine höhere Bewusstseinsebene zu erlangen. Genau in dem Moment, in dem du auf dem Klo sitzt, gibt es Millionen andere auf dieser Welt, die gemeinsam mit dir den gleichen Kreislauf der Emotionen durchleben: Besorgnis, Angst, Unzufriedenheit, Ärger, Anstrengung, Erleichterung, Stolz, Bewunderung, Reflexion und innerer Frieden. Das *Kacka Sutra* ist Kunst und Wissenschaft, Yin und Yang, Darm und Seele in Harmonie miteinander, zu einem rhythmischen Tanz verwoben. Herzlichen Glückwunsch: Du besitzt nun das Wissen und die Technik, ein erleuchtetes Leben von ungeahntem geistigen Reichtum auf der

Toilette zu leben. Von diesem Tag an mögest du niemals wieder blind gegenüber der Schönheit und Harmonie der gekachelten Höhle sein. Akzeptiere dankbar deine Zugehörigkeit zu dieser elitären Gemeinschaft und bekenne dich offen zu deinem Lebensstil. Das *Kacka Sutra* bedeutet lebenslanges Streben; es wird dich bis zu deinem letzten Atemzug begleiten. Du darfst nie vergessen, dass du kacken musst, um zu leben. So besagt die kartesische Philosophie: Wenn du kackst, dann bist du.* Praktiziere die vorliegenden Techniken, bis sie tief in deinem Alltag verwurzelt sind. Die Zeit auf der Toilette ist kostbar. Kacke immer so, als wäre es das letzte Mal.

* »Je kack donc je suis« (dt.: »Ich kacke, also bin ich«), René Descartes: Abhandlung über die Methode (1637).

Über den Autor

Daniel Cole Young wurde in Livermore, Kalifornien, geboren. Er ist Absolvent der University of California in den Fächern Informatik und Französisch und lebt heute in Los Angeles.